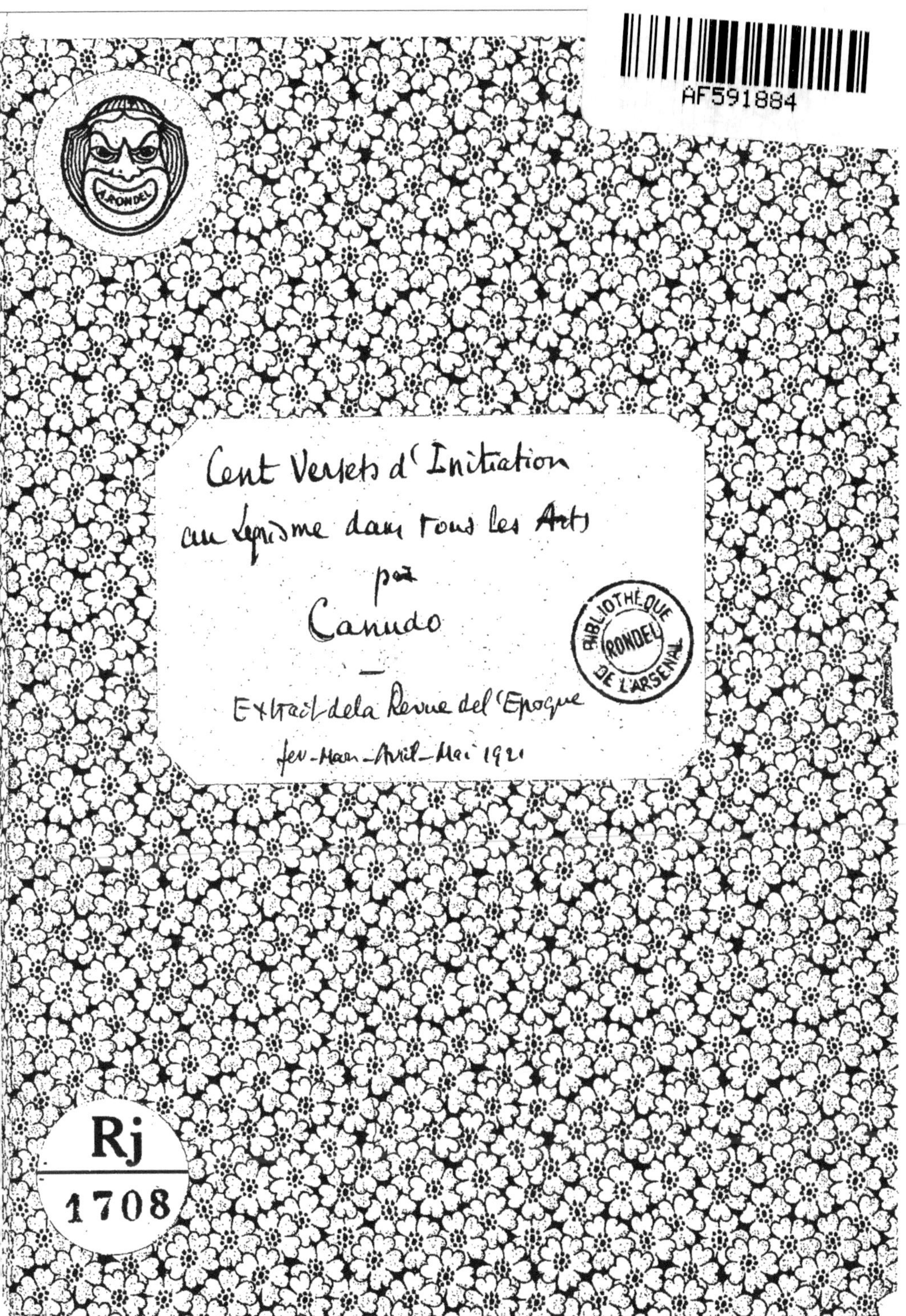

Cent Versets d'Initiation au Lyrisme dans tous les Arts

par

Canudo

—

Extrait de la Revue de l'Époque

fev-Mars-Avril-Mai 1921

1708

Nº 14. — TROISIÈME ANNÉE. 2ᵉ SÉRIE. — FÉVRIER 1921.

LA Revue de l'Époque

PUBLICATION MENSUELLE D'EXPRESSION ET D'ÉTUDE

des Idées, des Arts et des Lettres

Le Numéro : 3 » *Étranger : 3.25*

DIRECTEUR LITTÉRAIRE : MARCELLO-FABRI

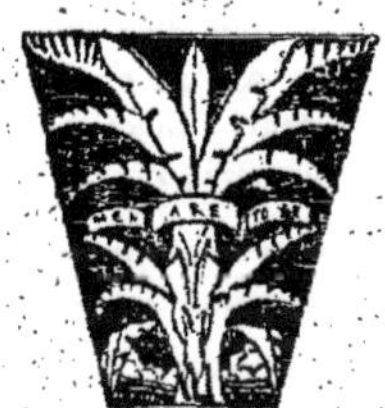

Ont collaboré à ce Numéro :

CANUDO ; — Ch. CONRARDY ; — S. DEJUST-DEFIOL ; — MARCELLO-FABRI ; — Or. KLEIN ; — J. LASSERRE ; — Emmanuel LOCHAC ; — Marcel MILLET ; — L. RICHARD-MOUNET ; — Numa PATLAGEAN ; — Georges POLTI ; — Han RYNER ; — G. SAUVEBOIS ; — SAINTARCY ; — A. SCHNEEBERGER ; — Carl SPITTELER ; — Ernest TISSERAND ; — Francis VIÉLÉ-GRIFFIN ; — Laura VULDA.

La Revue paraît le 5 de chaque mois, sauf en août et septembre.
ABONNEMENT ANNUEL : 20 FR. — ÉTRANGER : 24 FR.

J. POVOLOZKY & Cie, Libraires-Éditeurs
PARIS VIe — 13, rue Bonaparte, 13 — PARIS VIe

Téléphones : { *Administration* : GOBELINS 53-62.
{ *Directeur littéraire* : SAXE 82-17.

LA REVUE DE L'ÉPOQUE

PUBLICATION MENSUELLE D'EXPRESSION ET D'ÉTUDE

des Idées, des Arts et des Lettres

Administration. — Tout ce qui concerne l'Administration doit être adressé à l'éditeur J. POVOLOZKY & Cie, 13, rue Bonaparte, PARIS VIe. — Téléphone Gobelins 53-62 :: :: :: ::

Rédaction. — Tout ce qui concerne la Rédaction doit être adressé au Directeur littéraire : MARCELLO-FABRI, 3, avenue de la Bourdonnais, PARIS VIIe. — Téléphone Saxe 82-17 :: :: :

Les ouvrages envoyés en vue d'un compte rendu doivent être adressés — impersonnellement à la Revue. Au cas où des auteurs jugeraient à propos de — mentionner le nom d'un rédacteur, l'envoi serait considéré comme un hommage — personnel et remis à son destinataire; l'envoi en double serait donc obligatoire.

Les manuscrits non insérés n'étant pas rendus, les auteurs sont priés de — conserver une copie de leurs œuvres.

La reproduction, la traduction des matières contenues dans *la Revue — de l'Époque* sont autorisées *sur citation de source.* Notre Revue ne publie — que de l'*inédit.*

Les abonnements partent du 1er Janvier, du 1er Avril, du 1er Juillet et — du 1er Octobre. Un numéro spécimen est envoyé contre 1 franc en timbres-— poste. Un choix de numéros contre 5 francs ou un carnet de timbres. — Changement d'adresse : 0 fr. 50

Le Directeur littéraire reçoit 3, avenue de la Bourdonnais, le mardi — de 3 heures à 6 heures, et 13, rue Bonaparte, le jeudi matin de 9 h. 30 à — 11 h. 30. *Toute lettre nécessitant une réponse doit renfermer un timbre — de 0 fr. 25.*

ABONNEMENTS

FRANCE		*ÉTRANGER*	
Un an	20 fr.	Un an	24 fr.
Deux ans	36 fr.	Deux ans	42 fr.
Trois ans	50 fr.	Trois ans	60 fr.
Six mois	11 fr.	Six mois	13 fr.

SOMMAIRE

PRIX DE LA REVUE DE L'ÉPOQUE

La Revue de l'Époque ouvre un *concours de manuscrits.* Aucune obligation ni condition, sauf celle-ci : être encore inconnu. Les manuscrits : prose, vers, théâtre, sont admis.

Le prix consistera en une édition (volume d'au moins 200 pages), que publieront et lanceront Jacques Povolozky et Cie, nos éditeurs, 13, rue Bonaparte, Paris-VIe.

Lire dans ce numéro, page 633 :

Pourquoi nous avons créé un prix de plus.

Dans le prochain numéro nous ferons connaître la composition du comité de lecture.

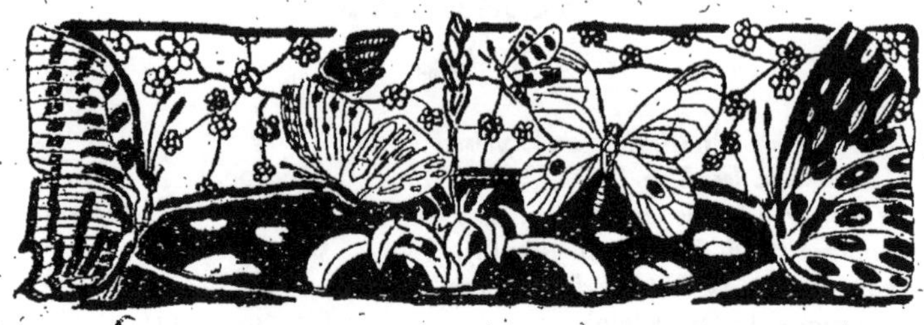

CENT VERSETS D'INITIATION

au Lyrisme nouveau dans tous les Arts [1]

1. Le « lyrisme » représente la réaction spontanée d'un être devant les paysages et les événements (lesquels ne sont que brusques changements des choses, brefs ou continus). Notre lyrisme s'est dégagé de la tyrannie d'un parti-pris — pensée ou sentiment — à développer comme un thème. Les pensées et les sentiments (*ces derniers ne sont que pensées émues dans la chair*) sont les réflexes de toute réaction, c'est-à-dire de toute Sensation.

2 Sensation : portes et fenêtres ouvertes sur l'infini mouvant. Et l'être est d'autant plus *génial* que — étant plus *sensible* — il recueille, reconnaît, résume et représente dans son œuvre une plus forte somme de sensations, à faire ressentir, *à transmettre*, au plus grand nombre possible de ses semblables, présents et futurs.

1. *Nous commençons la publication de ce nouvel ouvrage de M. Canudo. Nous attirons l'attention des écrivains et des artistes sur cette première codification de la sensibilité esthétique moderne.*
N. D. L. D.

3. Une « pensée » n'est qu'une expérience de sensations reconnues et classées — cristallisées.

4. *N'importe quel moyen* est digne d'un homme capable, par sa représentation artistique, de *transmettre* l'émotion. J'entends : la réaction sensorielle que la vie a pu susciter en lui. Sur ce principe est basée la volonté de tout artiste « nouveau » de notre temps. Il élargit, en effet, l'angle émotif de l'art, et il asservit toute matière dans l'unité de sa vision. Il ne veut plus se borner à ces expressions à peu près toutes faites, précisées dans une forme trouvée par les artistes d'un temps et perpétuée comme un moule. Il ne craint pas d'en sortir et ne répugne pas au besoin de s'émouvoir *autrement*. Ces moules, on les appelle, selon les arts : vers réguliers, dessin d'école, ligne, mélodie; parmi eux, l'alexandrin, le faux-Ingres et la mélodie carrée, jouent un rôle prépondérant auprès de tous les faiseurs suffisamment ignorants pour ne pas savoir que les rythmes de « la Chanson de Roland » et du « Mystère de Notre-Dame », le Canon serpentin des Statues Gothiques et les harmonies des *Jeux de Marion et de Robin* du Bossu d'Arras, *sont, avant tout*, de l'Art français. Car celui-ci n'est pas tout à fait né à Versailles.

5. L'habitude des expressions les plus neuves a toujours eu raison, au surplus, de toute résistance aux orientations successives de l'émotion. ON habitue l'œil et l'oreille aux *déformations* sacrées, aux dissonances saintes imposées par le sort de la vie qui se rénove.

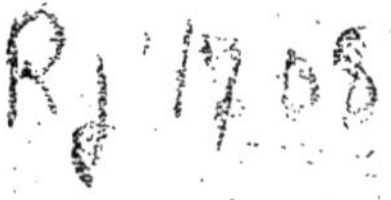

Seuls la mer et le ciel peuvent être toujours nouveaux, sans jamais demander un effort d'habitude nouvelle pour émouvoir. Ce sont des spectacles naturels dont l'immensité contient tout. Cependant, il y a des paysages restreints, que l'on n'aime qu'après s'y être habitués, en avoir saisi le rythme. — pareils à l'œuvre d'art où l'effort d'un homme amasse une somme d'émotion toujours présente.

Aussi, l'œuvre d'art existe-t-elle comme un paysage, riche de sensations pour celui qui s'y aventure. Pourquoi la limiter, en lui demandant de parler à *l'esprit* ou, comme disent les communs, *au cœur ?*

6. La suprême expression de l'Homme-Artiste est l'Arabesque. Là est la parfaite Libération. Toute émotion esthétique plus précise n'est qu'une expérience.

7. Aujourd'hui encore, on ne comprend que l'Art comme « représentation » d'un objet. Plus l'objet est reconnaissable, plus l'œuvre plaît. On ne sait pas assez que l'Artiste ne doit pas plaire, mais précipiter dans un sens l'émotivité des êtres, exalter et rythmer leur puissance vibrante.

8. La littérature l'a toujours fait — surtout celle théâtrale — dans le sens sentimental et larmoyant, abusant de ce *pathétique par défaut*, ce pathos de la douleur par manque d'équilibre entre le désir trop fort et la réalité trop faible. Depuis quelque dix ans, nous avons invoqué et nous invoquons tout un art basé sur le pathé-

tique contraire, par excès : *le pathétique de la plénitude*. Celui des êtres neufs, peinés du déséquilibre existant entre leur réalité pleine, plus vigoureuse que leurs désirs. Le Moïse de Vigny, le Mahomet de Voltaire, le Zarathoustra de Nietzsche, le Balzac de Rodin.

9. Aussi, l'artiste ne doit-il point tendre à plaire, mais à faire la vie plus riche. Il peut ne pas considérer l'assassinat comme un des beaux-arts par la quantité d'émotion qu'il apporte au monde, mais il se doit d'apporter au monde des quantités d'émotions sans bornes, rétablissant ainsi le niveau, par la magie de l'art, entre le surplus de forces des uns et la lamentable sensibilité générale.

10. *Ce surplus de forces* se manifeste avec une joie, un désir éperdu de libération, que l'on retrouve d'une façon large dans l'humour et dans l'honneur de cinquante ans d'innovations artistiques.

Art d'une humanité précipitamment neuve, certes. Expression de quelques générations d'une aurore flamboyante. Manifestation de cette inquiétude sublime d'un nouvel âge de puberté triomphale.

11. L'art officiel suit mal, armé de ses moqueries et de ses injures. Peu importe. Nous n'oublions pas que l'Art Officiel n'est qu'un aspect concret de la Politique d'un pays. Il participe de la Politique et non de l'Art. Ce n'est qu'un contour arrêté, une conception *formelle* de la vie supérieure cristallisée. Ce n'est même qu'une formule de Sensibilité imposée à la majorité et par celle-ci acceptée comme une Loi.

12. L'Art Officiel est très réellement, à ce point de vue politique, représentatif d'un temps.

Les minorités, inquiètes après l'expression des sensibilités qui se renouvellent sans cesse en se multipliant, le labourent en dedans sans trêve, le forcent malgré lui à se transformer continûment.

13. La nouvelle harmonie — dans tous les arts — a dépassé toute conception « logique », ces modes de développement auxquels nos sens étaient encore dernièrement *habitués*.

14. Car l'évolution des arts n'a pas d'autre loi naturelle que l'évolution de la Sensibilité.

Le nombre sans cesse croissant des hommes fait que leurs actions et leurs réactions interpsychologiques se multiplient aussi sans trêve, se renouvellent indéfiniment, sont neuves à chaque époque. Toute évolution de Sensibilité est due à l'accroissement du genre humain. (Qui oserait dire que le rythme de la vie des habitants d'un village est le même pour ceux d'une métropole ?) Or, l'Art n'est que l'expression absolue de la sensibilité, du *rythme d'âme* de chaque temps. C'est ainsi, et pas autrement, que l'art des minorités sensibles, l'art nouveau risible et hué dès débuts de chaque époque, est le seul qui soit le plus profondément populaire, le plus vrai ; et ce, à l'insu des majorités qui le nient, ne le reconnaissant pas pendant un assez long temps, tout en le subissant.

15. Les harmonies et les rythmes nouveaux, même

dans le style, par lesquels nous trouvons notre expression satisfaisante — celle qui peut nous transmettre de *l'émotion* — brisent les anciens modes mélodiques où se moulait notre émotivité; créent, plus que ne cherchent, des accords dits, pour l'heure, dissonants. Ils ne conçoivent plus le dessin « mélodique » linéaire, ne vibrent plus au roulement de l'alexandrin enchaîné par la logique de la cadence rimée, dans le développement d'*une* pensée, d'*un* état d'âme.

16. Nous débordons hors toutes les digues, dans tous les arts, pour cristalliser de l'émotion neuve dans quelques architectures neuves, lesquelles sont complexes, et encore confuses.

17. Et jamais le parallélisme des arts en mouvement perpétuel ne s'est montré aussi évident que dans nos travaux. Jamais l'on ne put faire correspondre, autant qu'aujourd'hui, des noms de musiciens, de poètes, de peintres et de sculpteurs. L'unité essentielle des *Sonoriens* et des *Plasticiens* nouveaux est telle, que les expressions résultent foncièrement identiques, dans tous les arts.

18. Une seule loi, d'une superbe clarté, régit la matière même de ces expressions.

C'est « l'incohérence » dans l'enchaînement des sons et des accords, des mots et des images, des lignes et des couleurs — puis des harmonies, des strophes, des plans. Incohérence, naturellement, pour ceux dont l'ouïe et le regard ne sont pas encore familiers de ces modes, et en reçoivent un choc.

19. Il faut ajouter que les développements de nos « Morceaux », dans tous les arts, procèdent par bonds, comme notre vie moderne. Le bourgeois lui-même reconnaît cette vie bien précipitée, c'est-à-dire neuve à chaque instant et *pleine d'étonnements*.

20. Aussi, tout artiste digne d'exprimer l'âme de ce temps se sert-il d'harmonies qui révèlent, après tout, le mouvement vertigineux de la vie intérieure, qu'un homme moderne, de sensibilité moyenne, peut éprouver en une journée.

21. *On ne « chante » plus en musique ; on ne « raconte » plus en poésie ; on ne « représente » plus en plastique.*

Partout, on affirme quelques émotions multiples, immédiates, simultanées, unanimes, groupées solidement par la seule unité particulière de l'artiste et de l'heure — inspirées par des objets extérieurs. L'homme s'y sent toujours en fonction de l'univers.

Puis, toute matière est acceptée, car elle a son droit héroïque à la vie : l'accent populaire d'une chanson ou d'un jargon, le tâtonnement parfois sublime d'intensité d'un sauvage ou d'un enfant — des papiers, des étoffes, n'importe quoi qui donne à l'œil des sensations de couleurs.

Tout est noble.

Nous avons tout ennobli, ne voulant plus comme forme et norme exclusives à notre art, ce développement scolaire d'un thème, d'une thèse, d'une idée, d'un aspect, moulés dans une matière imposée.

22. L'essor de l'âme artiste moderne, depuis près de cinquante ans j'ai dit, nous a jetés pantelants, orgueilleusement inquiets, puissamment joyeux, rageusement rapides, sous les arcades du temple universel consacré à la déesse SENSATION. L'antique hellénique déesse des îles et des presqu'îles : *Forme*, a disparu dans l'écume des mers qui la virent naître

Notre manière de sentir — notre faculté de Sensation — n'est pas celle d'un homme que sa culture a retenu à mi-chemin : homme d'usine ou d'école.

23. L'effort des siècles aboutit à nous ; ainsi que nous nous abandonnons dans l'effort qui continue, pour ceux qui viendront. Mais il est bon d'arrêter hautement qu'il n'y a pas d'autres *Contemporains* que ceux dont la sensibilité artiste — somme de toutes les autres — est identique.

24. Il est hors de doute que la complexité même de notre sensation artiste nous rapproche incroyablement par son intensité multiple de la grande simplicité — si dédaigneusement intense, de l'Art *le plus* primitif.

Ce qui fait l'émouvante supériorité d'un primitif (Thibétain, Italien, Flamand ou Nègre) est l'effort de l'artiste pour s'exprimer, pour clore en une formule l'immensité qu'il ressent. Ensuite, le métier — c'est-à-dire la répétition des formules trouvées — se parfait au point que toute sensibilité s'y trouve avant même que d'éclore. L'art dès lors n'est plus que jonglerie. « Le métier rend habile la main et obtus le cerveau », a dit Nietzsche.

25. Nous sommes forcés de renier à présent — par grand besoin et non par goût ni attitude — tout dogmatisme de métier. C'est le « commencement » échu en gloire à notre époque, qui nous astreint à tout oublier, afin de trouver nos moyens d'expression, de retrouver notre mâle primitivité. Je me sers naturellement du mot métier dans le sens de reproduction servile de procédés expressifs, et non dans son sens de technique acquise.

26. De là la haine nécessaire vouée aux écoles greffées sur le passé. Et le mépris des « représentations d'art » jolies et *ressemblantes*, rétrécissement intolérable de l'art, amoindrissement à la tyrannique mesure de l'individu. Il y a entre cet art de reproduction servile de ressemblance et celui auquel nous nous donnons, la même différence de largeur qui existe entre de la musique pure en orchestre et de la musique chantée en opéra.

27. L'artiste est dégagé de cette servilité. *Il l'a été par la photographie et le cinéma,* créés pour fixer ces aspects visibles des choses auxquels des milliers de générations de nobles talents consacrèrent leur vie et leur génie.

De même que l'on ne doit pas « mettre au cinéma » un *vrai* poème, sans profanation sotte, ainsi qu'on le peut faire pour nombre de « grands poètes vivants » ; de même, on ne doit pas pouvoir reproduire par des paroles la peinture, qui a cessé d'être une illustration, une représentation de paroles imagées, ni chanter une série d'accords comme on tambourine avec les doigts une chanson sur une vitre.

L'effort spirituel du monde aboutit à cette grande aristocratie de notre art. Et la religion nouvelle, encore obscure, à laquelle tend notre merveilleux mysticisme inquiet, naîtra de cela, car elle sera essentiellement musicale : suprême et totale dans son indéfini.

28. Quelqu'un a révélé à l'esprit moderne que l'*infini ne peut être suggéré que par l'indéfini*. Et que là est le rôle de l'art digne de notre temps.

(*A suivre.*) CANUDO.

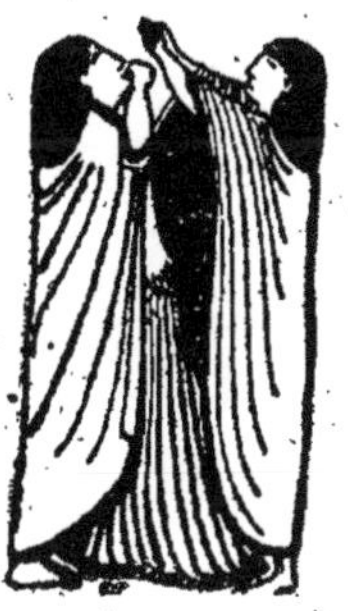

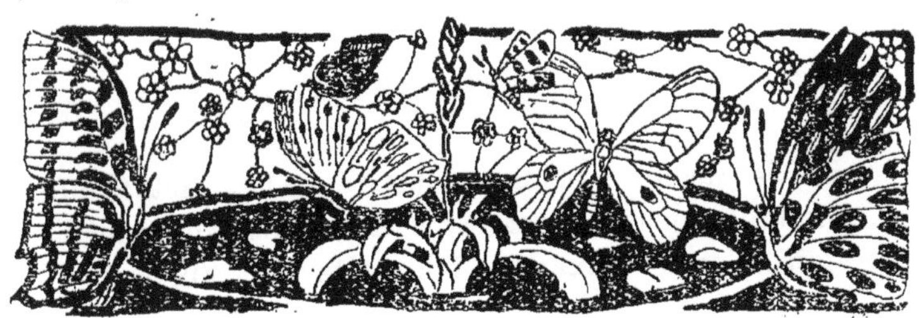

CENT VERSETS D'INITIATION

au Lyrisme nouveau dans tous les Arts[1]

(*Suite.*)

V

29. L'indéfini de notre art ; voilà son caractère foncier. Parce que nous avons acquis à nouveau ce sens de l'infini qui rénove les cycles humains et empourpre les grandes aurores mystiques nouvelles. Le monde n'est plus clos dans une seule vision collective et traditionnelle.

30. *Classicisme et Romantisme.* — La littérature et l'art — expression totale et paradigme de la sensibilité d'un temps — ont marqué leurs alternances par la représentation d'abord de la collectivité dominatrice, *ensuite* de l'individu luttant pour s'affirmer au centre de sa société et du monde. Eschyle fut classique ; Euripide, romantique.

31. *Pour les romantiques de 1830*, l'homme ne fut qu'attitudes ; et la nature, décor. *Pour les classiques du*

1. *V. numéro précédent.*

XVIIe *siècle*, « l'élément total » était la société, l'affluant de toutes les énergies vives, à la cour. L'homme n'existait qu'en fonction de la Cour, tête de la Ville.

32. *Pour le Classicisme gothique :* l'homme était en fonction non de la nature, ni de la société, mais de la religion (et la religion n'est qu'une codification du sens de l'infini, spéciale à une époque). *Pour le Romantisme du Quattrocento et de la Renaissance :* le mouvement des Humanistes, malgré la reprise de la conscience dite païenne de la vie, ou à cause de cela, compose le Romantisme gothique.

(J'emploie le mot : gothique, dans son acception courante spirituelle qui aboutit aux Cathédrales, ainsi que l'humanité de l'Hellade aboutit à la Tragédie, et celle des « temps modernes » à la Symphonie.)

33. *Par le Cérèbrisme actuel*, l'homme essaie de fixer le sens le plus vaste de son universalité. Il a la conscience de n'être qu'un élément de la nature ; et la société humaine, rien qu'un foyer collectif d'énergies ; et la nature, le tout, parfaitement présent et dominateur, toujours.

34. Voilà pourquoi, après avoir cherché avec une pléiade d'artistes, dont le plus acerbe est Rodin, l'expression plastique libre et large des visions intérieures, le jeu des images pousse l'artiste nouveau à la communion des objets les plus disparates. L'image, du reste, âme de tout lyrisme depuis toujours et partout, est une commu-

nion, un rapprochement de choses différentes. Jamais l'image n'a montré plus qu'à présent (par nos « incohérences ») l'unité de l'univers dans l'homme.

35. L' « image » — sachons-le — ainsi que toute « comparaison », toute révélation d' « analogies », est une expression de l'effort de l'homme vers toute vision *unitaire* de l'univers. Elle est, par là, toujours d'essence religieuse.

36. *Or, qui a révélé à notre esprit moderne que l'infini ne peut être suggéré que par l'indéfini ?*

37. Classicisme et Romantisme. — Si pour comprendre ce qui est nouveau, si pour toute initiation il faut créer ou rappeler des catégories scolaires, les voici. (Des cadres anciens peuvent mettre en effet en valeur les choses neuves, vues de la sorte entre des bornes connues.)

38. Classicisme et Romantisme. Le Classicisme, codifiant les passions sous les divers vocables du devoir envers la collectivité, représente la lutte de l'homme contre l'impératif moral du milieu.

Le Romantisme est la réaction de l'individu, réclamant son droit *individuel* à la vie.

39. Notre époque possède les éléments nécessaires à la fusion de ces deux grandes orientations de l'âme humaine, ainsi qu'elle sait être à la fois païenne et chrétienne, Chair et Esprit. Les romantiques ont toujours des agitations, des soubresauts qui contrastent avec la « sérénité classique ». Ceux du siècle dernier, réagis-

sant au nom de l'individu contre le « classicisme guerrier » de l'épopée napoléonienne, dont la force nationale et générale était naturellement puisée dans l'anéantissement de l'individu, prirent ouvertement des attitudes de lutte.

Tout le Romantisme du XIXe siècle représentait ainsi l'individu réclamant son droit individuel à la vie. Ce droit héroïque lui donna ses *attitudes de lutte*. Il s'habilla de cape et d'épée.

40. Seul Stendhal poursuivit hautement la représentation *exclusive* de l'individu, ouvrant la voie à la littérature dite, depuis, psychologique. Les poètes de l'époque, parfois en prose, se rattachent à cette tendance; cependant, ils se tenaient plus près de Rousseau, arrêtant généralement l'analyse de l'individu en rapport avec les ambiances. Stendhal seul, pour son temps, chercha l'*individu en soi*.

41. Mais ce qui est détestable dans le Romantisme, c'est son *romanesque* : l'importance donnée aux détails d'amour et de mort, qui influencent presque uniquement l'individu en opposition avec son milieu.

Le danger, le sentiment du danger et la lutte que ce sentiment entraînait sous forme de persécution, de vengeance, etc., inspirent l'art romantique. Jamais l'image de la mort ne servit plus lamentablement le pathétique sentimental de l'art.

42. L'homme, que le Classicisme représentait opposé à l'*impératif moral* du milieu, dans son duel suprême

entre le devoir et la passion, ne fut plus étudié que dans son attitude devant la mort et ses dangers *personnels*. Pour cela, le Romantisme n'est fait que d'attitudes. Le roman policier en est la dernière expression, ainsi que l'œuvre de M. Maeterlinck, par trop inspirée, quoique parfois en profondeur, au sentiment de la mort toujours présente.

43. La nouvelle forme de Classicisme, que nous exigeons sous le vocable du Cérébrisme, où se résument les efforts modernes, comporte le rappel de l'individu à la totalité du milieu, de l'ambiance, de la société *et* à sa fonction métaphysique universelle.

44. Ainsi, plus de place pour le *jeu des sentiments*, âme, aboutissement et profond ennui enfin, de toute une littérature qui s'obstine : littérature de la larme-à-l'œil, du trompe-le-cœur, dont M. Henri Bataille est le plus triste et facile exemple. Littérature où les êtres sont des pantins étonnés et larmoyants devant les conséquences de leurs propres actes. Mais l'on cherche à exprimer l'*essentiel* de l'homme : le jeu inquiet, angoissé ou joyeux, de ses sens et de son cerveau, dans son climat sentimental et social.

Interpsychologie. Intégrorganisme. Voilà le sens de la nouvelle poussée *classique*.

45. En résumé, le Classicisme a noté la lutte de l'individu avec son milieu social ; le Romantisme, celle de l'individu avec son milieu personnel. Le Cérébrisme, *éclos déjà sous d'autres noms* vers la seconde moitié du XIXe siècle,

note la lutte de l'individu dans la totalité de ses aspirations, avec la totalité des forces qui lui sont opposées, de la nature et des hommes. Il poursuit l'affirmation mentale et sensuelle, *tout* l'instinct de l'individu, en fonction non seulement de la société, mais *de toute chose* environnante.

L'homme représenté comme un élément de tout le paysage sensible de l'univers.

46. Car l'art poétique et l'art plastique de nos jours battent puissamment des ailes aux limites extrêmes de la sensibilité, où tout devient musique.

Exprimer uniquement des idées et des sentiments, bases de la poésie jusqu'à nous, c'est demeurer dans les réactions du moi-lyrique devant tout ce qui appartient au plan humain pur et simple. C'est peu, pour notre nécessaire ambition.

Le domaine de notre sensibilité nous a révélé les réactions totales de l'être dans les deux foyers de cette sphère en mouvement aux extrémités écrasées, de cette *ellipse*, en un mot, qui est la vie. Cérébralité et Sensualité : Cérébrisme.

47. Étendant ainsi notre conception de l'art, l'approfondissant, nous reconnaissons que les deux foyers de l'ellipse artistique s'appellent : Musique et Architecture. L'Art — décoration — je veux dire la Peinture et la Sculpture sont l'effort des lignes et des couleurs pour devenir Architecture; de même que la Poésie et la Danse sont l'effort de la voix et de tout le corps humain pour devenir Musique.

La Musique et l'Architecture résument tous les arts, hors des aspects, hors des contours restreints à la mesure humaine, les élargissant à l'infini.

48. *Qui a révélé que l'infini ne peut être exprimé que par l'indéfini ?*

49. *Notre ambition veut exprimer en modes humains d'émotion, en matière d'art, toute la nature, et au delà.*

50. Nous pouvons concevoir aujourd'hui seulement une œuvre littéraire, par exemple, dont le personnage principal serait une montagne, ou un jet d'eau; et la vie des hommes comme une de ses expressions, un de ses rayons de sensations, au même titre que les arbres ou les rochers qui composent *son* paysage.

51. Nous pouvons concevoir une œuvre d'art dont l'homme n'est qu'un élément de vie qui se révèle, simplement, comme un aspect-force, pareil à l'électricité pour une cascade, ou au feu incendiaire du soleil qui traverse une lentille.

52. On sait que l'art n'existerait pas, si l'idée-hantise de la mort n'était pas toujours présente pour l'âme humaine, si l'homme n'avait pas l'horreur et la terreur de la fuite des choses. L'art, ne voulant autre chose que fixer les aspects et l'essence de la vie fugitive, nous demandons à toute la nature, à tout ce qui existe pour nos sens, l'émotion de ses aspects, pour en arrêter et transmettre les « harmonies ».

53. Je n'hésite pas à affirmer que l'effort musical de siècles aboutissant à la Symphonie de Beethoven, où l'élément humain est absorbé dans une « sensation » totale de la nature, nous a lancés dans ces voies nouvelles de représentation artistique qu'on peut appeler cosmique. Les générations actuelles ont l'inquiétude et la peine d'un enfantement : celui d'un art vaste, plus qu'il n'eût pu jamais l'être. Il en sera l'expression suprême, de même que l'Extase fut celle du Christianisme, et la Danse celle du Paganisme. Il a son nom : Dynamisme, plus spirituel que la Danse, plus charnel que l'Extase.

54. Pour cela, l'évolution musicale domine toutes les autres, aujourd'hui. La religion nouvelle sera *essentiellement* musicale : ainsi, ai-je dit déjà, que le Paganisme fut essentiellement sculptural, et le Christianisme pictural, dans les manifestations supérieures de leur conception universelle.

La Musique. Elle a élargi les horizons de notre sensibilité, préparant notre volonté nouvelle de liberté esthétique, illimitée.

55. *Qui a dit que l'infini ne peut être exprimé que par l'indéfini ?*

56. Une santé neuve, puissante, nous vient d'une telle époque, si admirable de complexités.

Voilà pourquoi un souffle de bonne humeur, de gaieté joyeuse et jouissante, a animé la plupart des artistes nouveaux. Léonard de Vinci avait conçu le dogme : *Créer avec joie.* Aujourd'hui, on veut vivre éperdûment, dégagé d'entraves, étonnés que toutes les choses soient belles et prêtes pour la matière d'art.

N'est-ce pas qu'il faut remonter à l'époque où la civilisation de l'Occident est née, au Moyen-Age, au Sublime Grotesque, pour retrouver une si ardente volonté d'être en joie? de recouvrir des voiles bariolés du rire et *des sens pensifs et rêveurs*, toute la vie?

57. Et, n'est-ce pas qu'il faut rechercher à la même époque d'où surgit la gravité ailée et le cri de la flèche des Cathédrales, une profondeur et un tourment d'âme renaissante, pareils aux nôtres?

Qui saurait découvrir une *mélancolie romantique* auprès des générations actuelles? Notre « maladie du siècle » est faite d'une plénitude étonnante de vitalité ; notre pathétique vient d'un *excès de puissance.*

58. Bien des poèmes, des tableaux et des sculptures, et des musiques les plus récentes, n'apparaissent que comme des jeux.

Le misonéiste les condamne d'un mot : — fumistes ! — de même qu'il condamnait, avec un seul mot : — décadents! — les efforts de ceux qui nous ont précédés dans les voies libres de la création qui se renouvelle.

Eh bien! le caractère principal de l'art *réellement* contemporain, libéré des grandes fables religieuses, allégories et symboles, des thèses sociales, évadé en même temps des étroites limites de la représentation purement sentimentale et individuelle, pour s'étendre dans une compréhension totale de la vie, laquelle est sans limites — est une saine, très saine, très puissante *joie de vivre*.

59. L'inspiration directe de la nature, enfin hors des bornes sentimentales de l'homme, aboutit à ce grand affranchissement.

L'Artiste qui a l'heur d'appartenir à un recommencement pareil à l'aurore d'une ère, est plein naturellement de l'étonnement joyeux, du sublime émerveillement des enfants.

60. Est-ce l'époque promise par saint Jean, celle de la communion directe avec Dieu, de l'extrême absorption de l'homme dans la nature?

La prodigieuse évolution musicale a poussé l'homme à toutes les libérations spirituelles, lui suggérant l'infini de la Sensation, ainsi que les religions avaient révélé jusqu'ici l'infini de l'Idée. Et tout l'art en est affranchi dans toutes ses formes.

61. *Qui a dit que l'infini ne peut être exprimé que par l'indéfini ?*

62. La qualité de l'Inspiration a changé.

L'Inspiration s'est détachée du plan sentimental, souverain tyrannique jusqu'à nous, de même que d'un plan strictement cérébral. Les poètes nouveaux l'acceptent de partout. Elle leur vient avec le tumulte de la vie intense et multiple, et ils l'expriment ainsi.

63. Les aspects particuliers de la vie moderne, les choses nouvelles qui ne sont que de la vie moderne,

les frappent. Leur devoir, ils le savent désormais, est de les exprimer.

64. L'image se fond avec la réalité, elle est *directe.* Si le Romantisme fut l'éclosion de l'image sentimentale, même dans le style, contre le Classicisme, qui rangea les passions sous l'impératif moral de la société, notre art, le Cérébrisme, commun à toutes nos écoles modernes *depuis Baudelaire*, trouve son caractère essentiel dans l'identité de l'image avec le réel. Il élargit son inspiration *indéfiniment.*

65. Edgar Poë offrait son « Livre de vérité » à ceux qui ont mis leur foi dans les rêves comme dans les seules réalités. La langue directe, l'image directe, selon la ligne libre de l'inspiration multiple forcément brisée, est l'art de la grande réconciliation entre l'Image et l'Objet : le nôtre.

66. Le poète nouveau peut comparer une chose particulière à une autre générale, plus vaste, ce qui a été de tous temps l'essence même de l'image. Mais il préfère surtout grouper, en les harmonisant, les choses qui apparaissent disparates et lointaines et qui, bondissant successivement dans son esprit, composent de leur ensemble une chaîne d'analogies, je veux dire d'images.

(A suivre.) CANUDO.

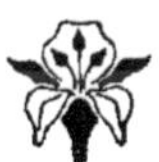

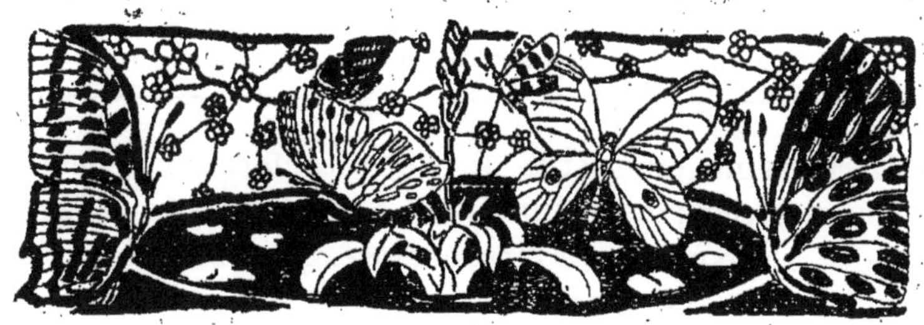

CENT VERSETS D'INITIATION

au Lyrisme nouveau dans tous les Arts [1]

(*Suite.*)

67. Le poète ne dira pas : « Cette fumée est comme un nuage dans le ciel ardent de Tlemcen. » Déjà les Symbolistes unifiaient les visions, s'exprimant ainsi : « Cette fumée est un nuage dans le ciel ardent de Tlemcen. » Le poète nouveau dira : « Fumée. Nuage. Tlemcem. » Et les invocations se fondront dans l'esprit, plus vastes, plus suggestivement musicales, ainsi que les couleurs des impressionnistes ne cherchaient plus leur mélange non sur la palette qui lie, mais dans l'œil qui recompose. Ainsi, aussi, que des accords non préparés, et que de dissonances, se chevauchent et se fondent dans une plus intense émotion de l'ouïe.

Le parallélisme absolu de l'évolution artistique, dans tous les arts, ne saurait plus clairement s'affirmer de nos jours.

68. Enfin, il s'agit, pour la Poésie actuelle, d'un véritable *Divisionnisme de l'idée expressive.* Le secret du

1. *Voir nos numéros de février et mars.*

Lyrisme moderne est là. Il peut raconter, car il ne renonce à rien ; mais, surtout, il veut évoquer en suggérant. L'époque crie à l'incohérence. C'est bien. La mère qui enfante, crie aussi et se tord.

69. Les deux visages de tout art : l'*Esthétique* et la *Syntaxe* — l'inspiration et l'expression — apparaissent entièrement neufs, aux contours les plus vastes, à la représentation la plus intense. Et nous voulons exprimer l'infini hors des « personnifications » religieuses. Suggérer par l'indéfini des formes, le sens de l'infini, l'*émotion panique*.

70. Qui a dit que l'infini ne peut être exprimé que par l'indéfini?

71. Cet état robuste de notre santé artistique, créant des formes neuves pour l'expression des choses nouvellement senties, offre au public des œuvres *risibles*. Elles sont telles, parce que l'une des causes du rire, c'est le choc qui vient de l'*inattendu.* Tout renouveau de l'art est passé par cette phase inévitable. Mais elles ne sont pas forcément *ridicules :* elles ne contiennent pas forcément des éléments permanents et inassimilables de choc avec la « forme » de la mentalité générale de l'heure.

72. De plus, la joie de la libération se montre aujourd'hui chez des artistes de tout art, dans deux manifestations point identiques, mais semblables : celle des Fantaisistes et celle des Imaginatifs.

Nous assistons, de la sorte, à une évolution de l'humour

très français de Jules Laforgue, de la petite pléiade des environs de son temps et des cinq ou six « Fantaisistes » nos contemporains, dont l'âme et la forme sont de la plus agréable préciosité. Type : Jean Pellerin.

73. Faut-il définir, à ce propos, l'humour français et l'humour anglais. Le premier, d'essence latine et gauloise, profite de toutes les ressources de la fantaisie, indifféremment sensuelle, sentimentale, morale. L'autre, l'anglais, n'est que *moral,* c'est-à-dire ne tire ses effets cocasses, parfois d'une naïveté déroutante, que des qualités et des défauts d'un être humain par rapport aux mœurs générales d'un temps : c'est de la morale par la charge. Type : Dickens.

74. Ce qui donne un caractère d'humour au lyrisme de quelques-uns de nos poètes les plus nouveaux, est fait d'un vagabondage de l'esprit à travers les analogies de mots, d'idées et de sentiments. J'emploie le mot : esprit, dans tous les sens. Car il y a énormément d'esprit dans le lyrisme moderne, beaucoup d'ingéniosité dans la chaîne, en apparence déchaînée, des analogies, lesquelles, lorsqu'elles sont imprévues, constituent la base même de l'humour. Type : Apollinaire.

75. Le même *esprit*, dans le sens « spirituel » commun, on le retrouve chez des peintres et des musiciens contemporains, comme un signe, je le répète, de santé vigoureuse, de liberté saine et salutaire. Type : Picasso et Erik Satie, l'un et l'autre malheureusement

suivis et exagérés sans discernement par des artistes moindres et des faiseurs.

76. On accomplit enfin cette œuvre admirable de rénover les sources du *lyrisme*, se servant des outils préparés par nos devanciers immédiats; par ceux que l'homme moyen injuria, jusqu'au jour où il les vit disparaître sous le faîte de la renommée, ou sous la coupole de l'Académie.

77. Et lorsque je parle du lyrisme, je ne veux pas parler d'un état particulier à la poésie.

Le lyrisme est un état de l'artiste, quel qu'il soit, où celui-ci groupe harmoniquement des images dont il a découvert les liens, et s'y exalte. Ce qui est le principe de tout enfantement artistique.

78. Ces liens, uniquement *cérébraux* — je ne dis pas : sériés par le cerveau en concepts d'intellectualisme, mais qui émeuvent, troublent, agitent la « compréhension » de la vie — ou bien uniquement sentimentaux, c'est-à-dire touchant seulement la sensibilité de ce qu'on appelle « le cœur », le sens des rapports normaux entre les êtres — sont reconnus innombrables par nous : harmonisations pures et simples de couleurs et de sons, de mots et de lignes, non asservies à une idée préconçue de *représentation*, mais émanant, pour les yeux ou pour les oreilles, de jouissances intensément musicales et, par cela même, indéfinies ou infinies.

79. *Qui a dit que l'infini ne peut être exprimé que par l'indéfini?*

80. *Suggérer et non point définir.*

C'est là tout le dogme de la création artistique d'aujourd'hui et de demain, et la clef de sa compréhension. C'est en même temps le principe même, inéluctable, de toute musique.

81. J'ai parlé de la Littérature. Pour les Arts plastiques, l'évolution et les affirmations actuelles subissent la même orientation de liberté « musicale ».

82. Voilà enfin pourquoi le mot : MUSIQUE, doit prendre de plus en plus, dans tous les esprits, un sens universel d'harmonisation. Harmonisation de volontés, de sentiments, de lignes, de couleurs, sur la seule base qui soit à la naissance et qui soit celle de la vie même de l'œuvre artistique : L'Émotion, recueillie et transmise par l'artiste. Pour l'artiste qui crée, *l'Émotion est la réponse d'un être humain aux appels innombrables du monde extérieur;* pour celui qui écoute ou qui contemple l'œuvre d'art, l'*Émotion est l'acceptation d'une révélation d'harmonies découvertes et rassemblées par l'artiste.*

On sait que la Musique est, par excellence, l'art de l'émotion directe, spirituelle et charnelle à la fois, cérébrale et nerveuse.

Ame de toutes les manifestations religieuses, elle sera enfin l'essence même de la religion de demain.

83. Une compréhension absolue de la puissance de l'indéfini en art, doit marquer la formation du goût nouveau, large, profond, riche de « sensations ».

N'est-ce pas la signification des frissons de libération

dans tous les arts, qui courent depuis un demi-siècle sur l'océan tumultueux de la volonté artiste de ce monde moderne pour lequel, sans contredit possible, la France est le cerveau-moteur ? Elle en est, en même temps, la synthèse expressive des lignes spirituelles : le Visage.

84. L'Évolution musicale nous a donné notre magnifique inquiétude de libération. Elle nous impose de suggérer des états d'âme : *de la Sensation à la Sensation*. Être dignes de notre vie suprêmement intense, l'exprimant dans des œuvres d'art où s'exaltent toutes les communions. C'est notre conscience musicale de tout ce qui est, qui nous permet aujourd'hui de concevoir une joie supérieure hors de toutes les formes, et nous explique bien des choses, et nous éclaire. Elle arrive à nous faire comprendre que l'action d'un orateur politique sur la foule est toute dans sa gorge et dans la musicalité savante de sa voix ; il n'est qu'une bouche, pas nécessairement un cerveau, tel un ténor, et le plus grand orateur n'est qu'un chanteur qui peut très bien se passer de mots, et, surtout, d'idées.

85. *Suggérer et non pas définir*. Élargir tous les domaines, les accepter tous pour nos plus ardentes chevauchées à travers la vie multiple. *Accroître, jusqu'au spasme, le pathétique de notre plénitude.*

86. Suggérer et non définir.

Lorsqu'un peintre, de ceux que l'on est convenu d'appeler « Cubistes », donne un titre à ses tableaux, il ne veut vous faire part que de l'origine de son inspiration.

Vous devez comprendre que « Femme nue » ne saurait être pour lui la *représentation* d'une femme nue, l'image matérielle et formelle, photographique, d'une chair de femme vue dans la réalité.

87. Pour une telle besogne, il est des photographes à objectif mécanique, ou ceux à pinceaux de la Nationale. De même, il existe des rimeurs d'alexandrins pour les représentations officielles du Trocadéro et d'ailleurs, ou pour façonner des tragédies à la mode antique pour la Comédie-Française et les Théâtres de Plein-Air. De même, on trouve d'excellents compositeurs de sérénades, aubades et autres mandolinades pour les opéras de l'Opéra.

88. Les plus « avant-gardistes » parmi nous aiment, sans doute, toutes ces choses ; mais ils ne peuvent les goûter qu'à certaines heures : celles d'après-dîner, celles où l'on irait chercher de l'amour aux maisons *ad hoc,* ou à tout autre moment où un esprit moderne a besoin de détente dans un bain reposant, discret et tiède, de banalité bien précise. Il choisit alors d'instinct, de tout son instinct animal, entre Rostand, Puccini, Massenet, ou, pour le paresseux plaisir de ses yeux voilés, tel peintre ou tel sculpteur de l'Institut.

89. Le peintre vraiment nouveau vous dit : « Le jeu des volumes, la plastique mouvante des lignes et des tons d'une chair de femme, son dynamisme, « sa musique », m'ont *inspiré* cette écriture imagée. » L'émotion qu'il veut vous donner est celle d'un travail

inouï de transposition, accompli dans son esprit. C'est par un travail semblable que le contour d'une fleur se transposait en harmonie d'arabesque chez le sculpteur arabe qui, par contrainte religieuse, ne devait pas la représenter en servitude de copie linéaire, mais l'abstraire en *quintessence de lignes.* Jeu d'harmonie. Musique, donc.

90. Une telle inspiration change d'objet à objet.

Chaque fois, l'artiste travaille par séries d'études, copieusement, allant du « portrait », pur et simple, linéaire, d'un objet à l'expression particulière du rythme de ses volumes. Dans un excès d'honnêteté, ou d'indolence indulgente, il donne un titre à ses toiles ou à ses statues. En réalité, il devrait leur donner un numéro, comme les symphonistes le donnaient à leur symphonie.

D'une telle tendance à *l'évocation* pure et la plus vaste, est fait enfin l'art moderne de la poésie post-baudelairienne et post-mallarméenne ; de la sculpture de Rodin et de la peinture post-impressionniste ; de la musique de Claude Debussy, de Stravinsky, de Ravel et d'autres ; de la danse « métachorique » de Valentine de Saint-Point, et, surtout, des artistes, rythmiciens et plasticiens, les plus neufs. Tout le reste rentre par quelque lien dans ces expressions de notre art.

91. Notre art tout entier ne veut donc plus rien *représenter*. Il ne fixe pas *l'idée* des choses ; cela regarde le philosophe. Il en dédaigne la sentimentalité ; cela regarde les exploiteurs de la larme-à-l'œil, qui tendent

leurs œuvres à l'aumône de la sensiblerie des autres, comme les mendiants tendent leurs moignons et leurs plaies. Type absolu : Henry Bataille.

Suggérer l'idée, le sentiment, la sensation des choses, sans les isoler, les compliquant même de toute l'atmosphère humaine et naturelle de laquelle et à laquelle elles participent. Cela est seul digne de notre renaissance, et de notre orgueil d'hommes nouveaux, et de notre insatiable et libre avidité de vie et d'espaces. Nous ne voulons plus de fleurs coupées dans un vase ou en gerbe, mais présentées avec leurs plantes, les racines, dans leur horizon.

92. Suggérer sans vouloir définir. Émouvoir sans vouloir enseigner. Révéler des mondes d'harmonies vivantes sans vouloir les expliquer. Car l'art est un élément supérieur de la vie, une création supérieure de l'homme, et non pas une théorie. Qui veut compter les étoiles, lorsqu'on se noie d'extase, dans une nuit étoilée d'été? La Musique nous dicte notre loi :

L'INDÉFINI POUR EXPRIMER L'INFINI.

(*A suivre.*) CANUDO.

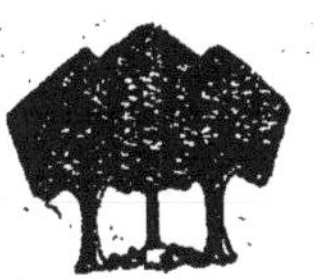

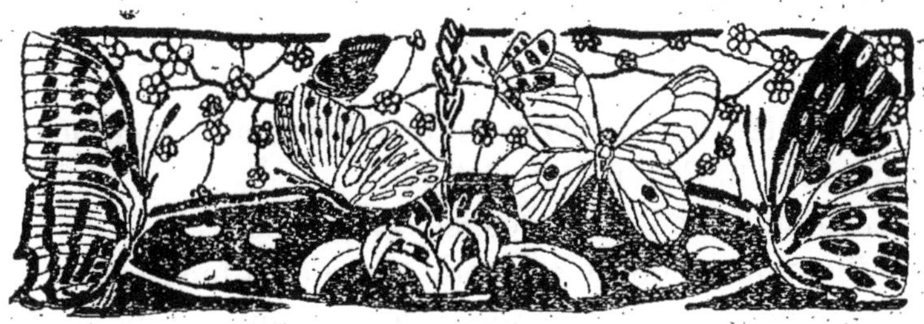

CENT VERSETS D'INITIATION

au Lyrisme nouveau dans tous les Arts [1]

(Suite et fin.)

93. C'est bien la prestigieuse évolution de la Musique qui a permis à l'esprit humain, averti par la Science, de se créer cet art à nul autre pareil, et qui est bien l'*Art du XXe siècle.* J'entends : le Cinéma. J'entends : l'Union des Arts du Temps et des Arts de l'Espace, l'Art plastique en mouvement, la Vision des *formes* développées en un *rythme*, la fusion de toute la figuration humaine hors de toutes les limites esthétiques connues.

Une des plus grandes étapes de la sensibilité, s'affirmant, se fixant, répondant souverainement au dogme unique de l'Art : *lutter contre le fugitif de la vie, et en arrêter à jamais les aspects.*

94. Les Plasticiens et les Rythmiciens se retrouvent dans le travail de l'Écraniste (celui que le vulgaire appelle encore : le metteur en scènes). De même, la Science et l'Art se conjuguent sur l'Écran, appelant à

1. *Voir nos numéros de février, mars et avril.*

elles toutes les ressources des suprêmes conquêtes humaines du Calcul et du Rêve.

L'homme moderne a réalisé ce miracle.

L'homme moderne est celui qui a déjà fondu dans le creuset de la vie du monde religieux, qui se renouvelle aujourd'hui par son mysticisme contemporain et égal de la chair et de l'esprit, et ses aptitudes identiques à l'Extase et à la Volupté, tout l'esprit du Paganisme, toute l'âme du Christianisme. CÉRÉBRISTE, c'est-à-dire asservi au jeu simultané et conscient du Cerveau et des Sens.

L'homme moderne a donné à sa propre joie et à sa propre jouissance, pour l'expression de ses aspirations, de sa douleur et de sa souffrance, cette totale « Représentation d'Ame et de Corps ».

95. Rien de commun, entre le Cinéma et le Théâtre. L'art théâtral a un continuel besoin d'instruments pour se manifester. Le Cinéma, comme la Peinture ou la Sculpture, fixe une fois pour toutes ses figurations, les éternise identiques. Pour développer le rouleau de ses images devant les yeux des hommes, il a besoin de temps et d'instruments techniques, tout comme la musique contenue dans une partition. Et il n'est pas entièrement asservi à ses moyens techniques, à ses appareils mécaniques de projection, car de même qu'un bon musicien peut *lire* de la musique avec ses sonorités et son rythme sur les portées, sans la jouer, un bon écraniste peut *voir* le film sur le rouleau, avec son rythme et ses intensités, sans le projeter.

Si une parenté existe entre le Théâtre et le Cinéma, dans le sens du Spectacle, elle est pareille à celle qui relie cet art nouveau à tous les autres. Le Cinéma apparaît ainsi comme la vision essentielle de la vie, malgré qu'on n'y rencontre encore trop souvent que des illustrations serviles d'un texte, et qu'il rappelle à ces pantomimes latines qui se sont perpétuées jusqu'à nous depuis le règne d'Auguste.

Le Cinéma, compris dans toute sa puissance idéale à venir, n'est pas l'illustration d'un conte, mais un *conte visuel fait avec des images, et peint avec des pinceaux de lumière.*

96. Dans l'inquiétude générale de notre heure historique — aube livide ou aurore pourpre d'une civilisation inimaginable encore, et certes prodigieuse — l'Art de l'Écran apporte une certitude. Un arrêt de la vie, au milieu de la plus fébrile activité des hommes. La soif des espaces, accrue par la facilité des moyens modernes de l'apaiser; et cette maladie, qui est toute à nous, cette fièvre obsédante de la vie pleine, du *pathétique de la plénitude,* trouvent leur satisfaction dans la jouissance cinématique. La vie des hommes devient de plus en plus simultanée. Elle se complète à volonté devant les yeux humains qui multiplient démesurément leur vision des espaces et des êtres et des choses.

Car la force de la vision de l'écran est dans l'infinie souplesse de ses liens; et sa fascination est dans la rapidité des successions, dans notre triomphe absolu sur tous les éloignements des espaces, des temps, des états

2

de la nature autant que des états de l'âme. L'unité de temps et d'espace, les vieilles formules de l'Art de la Scène, n'ont plus de sens, devant l'unité essentielle de la vie telle que l'Art de l'Écran nous la présente.

97. Cet Art, on le nie encore. On méprise les égarements intéressés et ignobles des producteurs, qui en ont fait une basse valeur de leur bourse. Peu importe. Tous les arts, sans doute, jaillirent dans un élan de l'âme, anxieuse de lutter contre le fugitif, pour arrêter des harmonies visuelles ou sonores découvertes dans la nature, pour témoigner en un paradigme d'œuvre, cette harmonisation des choses, des êtres, des sentiments, qui sont toute la vie. Les arts devinrent ensuite trop riches de procédés, quelque chose de mécanique, de reproductible par les moyens mécaniques : Chromos ou Pianolas... De l'industrie. Le Cinéma a malheureusement commencé par être de l'industrie, et il faudra énormément de volonté noble et d'élans d'âmes pour lui faire remonter le courant naturel, l'arracher à l'emprise unique du mercantilisme, lui donner en tout son véritable sens d'art.

Ce que cet art apporte surtout, c'est une émotion toute spirituelle, inconnue jusqu'à nous. C'est que la nature elle-même vient devant nous *jouer* le rôle de « personnage principal » qu'elle a dans la vie. Elle n'est plus le fond d'un drame. Elle n'est plus le fond d'un tableau, ni même le tableau lui-même. Elle est un être vivant, qui a son rythme vital, son souffle réel, son langage rituel composé de paroles par la succession de ses tableaux, l'agglomération successive de ses aspects, mêlés à la vie de l'homme. *Émouvante dans son mouvement.*

Aucun peintre, jamais, n'eut songé à rendre cette « vie de la nature », puisque « vie » veut dire « mouvement », et que la Peinture est par définition immobile.

98. En plus, l'élément de suggestion, plus que de représentation, que comporte le Cinéma, est le suprême attribut de la Musique. Son dynamisme est en même temps dans le jeu des âmes et dans le jeu des formes. Et si Fromentin pouvait affirmer que la Peinture « est l'art d'exprimer l'invisible par le sensible », le Cinéma est *l'art total de l'expression de l'infini par le visible.*

99. On comprend pourquoi cet Art tellement nouveau est tellement vaste. Ce langage vraiment universel dont les hommes ont enrichi le patrimoine de leur puissance, pour tout voir et savoir, pour tout sentir et exprimer, dans les plus vigoureux raccourcis de l'univers; ce microcosme esthétique d'une étendue et d'une portée inconcevables devait créer un type nouveau d'artiste. L'Écraniste est né. Poète par la vision et architecte par la composition de la vision; sculpteur et peintre de lumières, musicien par leur déroulement rythmique. Voilà l'Écraniste, sensible, vibrant, nerveux, en lutte constante, et victorieuse, contre le fugitif de la totalité de la vie : formes et essences, exprimées dans cet admirable « blanc et noir », plus émouvant que toute gravure, plus profond et varié que les plus grands joueurs de

clartés et d'ombres, Rembrandt ou Léonard, ne purent jamais le rêver. Le jour où la couleur sera trouvée à l'écran, et non seulement plaquée avec des tonalités générales mais avec les moulages mêmes de la vie; le jour où l'écran disparaîtra et que l'on moulera l'air lui-même, lui donnant les contours et les lumières de la réalité, toute la peinture du monde se fondra dans la figuration cinématique avec toute la musique du monde. Le fini de la vision humaine n'aura plus de limites. Ce sera l'indéfini du Rêve et du Désir, sous toutes les formes sensibles.

100. ET SEUL L'INDÉFINI PEUT EXPRIMER L'INFINI.

CANUDO.

(FIN)

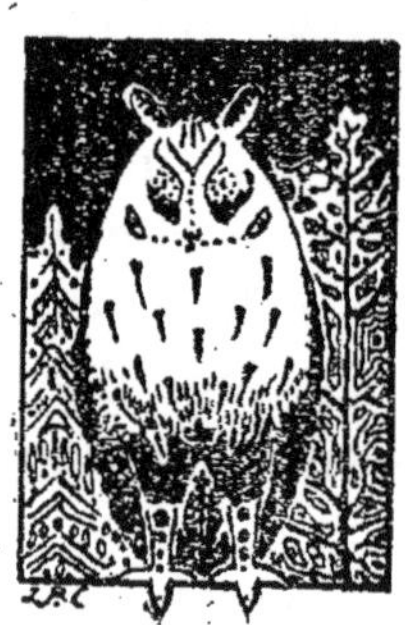

www.ingramcontent.com/pod-product-compliance
Ingram Content Group UK Ltd.
Pitfield, Milton Keynes, MK11 3LW, UK
UKHW021521260726
13993UKWH00004B/1808

9 782329 179117